1

Rosa D'Agostino

GABBIANO SOLITARIO
Raccolta di poesie

Proprietà letteraria
Raccolta di poesie inedite

Rosa D'Agostino
rosy9998@hotmail.it

Gabbiano solitario
© 2012 Rosa D'Agostino
ISBN 978-1-4710-3750-4
Edizione: gennaio 2012-01-01
Editore: lulu.com

Rosy D'Agostino nasce a Torregrotta, piccolo paese in provincia di Messina ma dopo la nascita la famiglia si trasferisce a Messina .

Fin da ragazza ama scrivere i suoi pensieri che poi ripone in un cassetto per tanti anni.

Riprende a scrivere circa tre anni fa, internet le da la possibilità di far leggere le sue poesie si crea dei gruppi, delle pagine su facebook ed invia i suoi scritti ai suoi funs, a vari siti, entra nel cuore di tutti, tutti le chiedono delle poesie da dedicare al proprio amore, al

figlio morto, al papà, alla mamma.

Rosy commuove,fa piangere ,entra nell'anima di chi la legge. Entrerà anche nella vostra ..sicuramente.

Dedicato...
ai miei lettori

Introduzione

Una raccolta di poesie molto intensa che ho voluto stilare
In questo mio libro con tanto amore. La poesia è arte,
emozione, vive nella recondita immensità dove il mistero
prende mano sulle fasce emozionali del pensiero. Un arte
che stravolge tempo e spazio, mutando il male in percezioni
di bellezza coesistente con il verbo amoroso nell'assoluta
dimora della poesia.
Poeti di tutto il mondo si sono ispirati alla natura, alla
solitudine, all'amore per una donna, alle tante visioni di
puro ardore, escogitando con dovuta dedizione canti di
grande stesura professionale e sensibile. Tutto si adorna
di metafore e non, lontano da arcaiche odi, scegliendo la
strada della semplice scrittura di distensiva lettura.
Suono di canto angelico per trasmettere un messaggio che
entra nel cuore dell'uomo, un canto primordiale di purezza
naturale che coinvolge gli sguardi sugli orizzonti più remoti,
per una luce migliore di vita.
Nel confondermi tra i vostri sguardi canterò parole di
solitudine e amore, mistero e nostalgia, rendendo partecipe
il lettore di una storia infinita quale la vita vissuta. Seguo il
cuore, le sensazioni che solo un'anima nobile può donare,
cercando di trasmettere un modello di salutare spiritualità.
Auguro a tutti una buona lettura, vi abbraccio. R. D.

Poesie

E IL TEMPO PASSA

Bussa alla porta,
vorrei non rispondere,
bussa con insistenza,
no, non voglio proprio rispondere,
ma ascolto la sua voce,
mi parla e dice che non posso evitare,
il tempo passa
e inesorabilmente.
Le lancette dell'orologio
girano veloci,
e passa un giorno, due,
un mese, un anno.
Mi guardo allo specchio,
ed ancora bussa,
bussa alla porta del mio cuore,
sul mio aspetto,
mi guardo e una rabbia mi prende.
Vorrei fermare il tempo
ma non vuole ascoltarmi,
corre veloce, vedo scorrere
tutti i miei anni,
bambina, ragazza donna, nonna.
No,
non sono vecchia,
vorrei fermarlo
ma corre in fretta,
non posso fermare il tempo.

DOV'E' LA MIA STELLA

Stasera
vorrei contar le stelle
ad una ad una,
non vedo più la mia.
sarà nascosta,
forse,
vuol restare sola,
non vuole compagnia.
Cerco tra le stelle,
cerco nella luna,
ma dove mai sarà?
Non sai
stellina mia
che senza te
la vita
non ha senso?
lo sai che
verrei da te,
a nascondermi con te
tra tante stelle!
Vieni,
fatti vedere,
ci faremo compagnia,
io e te...
la luna ci farà ombra,
saremo soli
e non ci sentiremo
lontani dal mondo,
noi due
saremo il mondo.

BUGIE

Dolci frasi
sul tuo sorriso splendido,
dolci carezze
ed entravi
nella mia vita
Sentirti..
un colpo al cuore,
vederti...
una gioia immensa.
Forse
non hai capito,
non hai saputo cogliere,
il mio
non era solo bene.
La mia certezza
era solo nel presente,
il futuro?
non lo vedevo,
gli ostacoli?
non esistevano
Ma è un mondo di bugie
Le dolci frasi
sulle tue labbra,
son per tutte,
le tue carezze
son su tutti i visi,
ed io
vorrei solo sprofondare,
cancellarti dalla mia vita
e dire basta.

Dovrò trovare la forza
di dirti addio,
di dire basta
e chiudere per sempre
Mi duole il cuore
ma so che lo farò
perché da te
non potrò avere
che solo un gran dolore.
Mi hai usata,
plagiata, derisa,
bugie solo bugie
e dovrò avere la forza
di dire
BASTA!!!

ADDIO ALLA VITA

Io
non saprò mai
quando sarà il mio ultimo giorno,
forse stanotte,
forse domani
o chissà quando.
Vorrei che le mie parole
non fossero buttate al vento,
vorrei con un mio scritto
lasciare un testamento.
Poche son le cose che ho da dire,
ma escono dal cuore
e. vi prego
lasciatemele dire.
Io non vorrei vivere oltre
il mio intendimento,
vorrei non esser di peso
a nessuna gente,
a mio marito,
ai figli, proprio a nessuno.
Vorrei andarmene fra breve,
non voglio vedermi vecchia e tremolante,
non voglio guardarmi allo specchio
e non riconoscermi più
nei miei sessanta anni.
Poi
indosserei il mio bel vestito,
di rosso,
l'ho tirato da un cassetto,
una collana di perle nere,

e poi un trucco ben curato,
un po' di fard alle mie guance pallide,
i capelli con la piega appena fatta
e per finire...
una spruzzata del mio ipnotic poison.
Poi
su un foglio
scriverei le mie ultime volontà:
esser cremata e le mie ceneri
disperse al vento.
Non voglio lacrime,
né fiori, né gente intorno,
chiedo...
almeno
solo per questa volta:
lasciatemi morire
in santa pace.

AMAMI

Amami
fin quando potrai,
fin quando avrai la forza
di sussurrarlo,
ed io sarò con te,
fino all'ultimo respiro.
Dirò di te
a terra e mare,
a luna e stelle.
Ascolta i battiti del cuore ,
si uniscono ai tuoi,
insieme fuggiranno
nel firmamento.

COLPO DI SOLE

Rovente
su un cielo splendente,
un caldo infernale
brucia la mente,
offusca i miei occhi,
non posso guardare,
scintille di mille colori,
se chiudo gli occhi..
me le rivedo davanti,
un quadro astratto...
Se dovessi dipingerlo,
ne farei un drappo,
i colori del sole,
del cielo,
del mare,
dipingerei l'astratto,
dipingerei degli occhi
in mezzo a tanto splendore,
dipingerei te,
nascosto dal sole
che abbaglia i miei occhi,
che oscura la mente,
ma il cuore no,
il cuore non riesce a riscaldarlo,
non si è mai raggelato,
non è stato mai oscurato da nubi,
non è stato mai
bruciato
dal sole.

CON TE NEL PENSIERO

Toccarti
vederti,
e il desiderio di te
si fa sempre più forte.
ora
volo su ali di rosso tramonto
poi sulla luna
che timida ci guarda,
ora ti seguo
nel tuo lungo cammino,
ti sono accanto,
seguimi con il pensiero
e
se allunghi una mano
sentirai il mio calore accanto.
ora
ti sogno
e so
che nel tuo sogno
son io che ti sto accarezzando
Se sfiori le mie labbra col pensiero,
son io che
che ti sto graffiando l'anima,
son io e soltanto io
che desideri avere accanto

CORRO CON IL PENSIERO

Corro con il pensiero
verso la tua vita
in quella grande casa
e fuori tanta neve.
Appoggio il mio viso
sulle tue ginocchia
e tu mi accarezzi i capelli,
dal caminetto
le fiamme giocano sui nostri corpi
luci magiche,
dolce pensiero ,dolce notte,
sussurri d'amore,
e poi ancora neve.
Freddo risveglio in quella notte di gelo,
non c'e' il caminetto,
non c'è la neve,
non ci sei tu,
che mi accarezzi i capelli.

DOLCE SINFONIA

Come un'ape sul fiore
accarezzi i petali
per succhiarne l'anima,
come un'ala di farfalla
volteggi lievemente
alla carezza del vento.
Un'onda magica
mi travolge l'anima,
dolce sinfonia
ancora...
mi voli nell'anima.

DUE VOLTI IN UNO SPECCHIO

Lucido,
senza un velo di polvere,
brillante riflesso del sole,
riflette la mia immagine,
un volto triste,
gli occhi cerchiati,
adagio il mio viso
sullo specchio,
il mio respiro offusca la mia immagine
Un tocco di rossetto,
un fard sulle guance
Scompare il cerchio sugli occhi
il volto sorride...
Due volti in uno specchio,
due volti nel mio cuore,
uno piange,
uno sorride al mondo intero.

IL GIORNO DEL MIO FUNERALE

Quando vedrò l'autunno
e poi l'inverno alla mia porta,
mi vestirò di rosso,
il nero,
l'ho portato sempre nel mio cuore.
Camminerò nel cielo,
tra le nuvole,
vedrò l'arcobaleno
in tutto il suo splendore,
sarò felice ...
come non lo son mai stata.
Vorrei andarmene contenta,
durante il sonno
saluterei gli amici e ... tutti ... tutti,
chi mi ha amato e non
ed al mattino,
non riaprire più gli occhi.
Vorrei quel giorno esser sola,
non vorrei pianti e neanche fiori,
vorrei andarmene in silenzio,
vorrei tanto incenso
e tanti ceri accesi,
profumo esotico e musica soffusa
e poi, del mio corpo,
un falò ardente.
Non voglio tomba,
non voglio esser mangiata dai vermi,
non voglio stare al buio sotto terra,
le mie ceneri,
vorrei fossero buttate al vento,

disperse nell'aria,
fino a raggiungere
il firmamento.

IN UN SOGNO

Ho camminato su strade deserte,
su monti scoscesi,
ho visto la luna, il sole le stelle,
lontano,
la neve imbiancava il giardino,
nel nostro camino
il fuoco era acceso,
mi hai presa per mano, cullata e amata,
ma
solo in un sogno..
ti son stata vicina.

UN ALBERO PARLA

Spogliami
toglimi la veste
che sta ingiallendo
per il troppo calore,
lasciami inebriare
respirare l'aria fresca di ottobre.
Son come un bimbo che gioca a svestirsi,
a guardarsi allo specchio
ad ammirarsi per qualcosa di nuovo
che vede nel suo corpo.
Lasciami godere di un pò di frescura,
poi..
tornerò a rivivere,
a vestirmi
con una veste più verde.
Tu,
non potrai mai farlo.
Quando la tua testa sarà bianca,
quando la tua pelle non sarà più vellutata,
non tornerai più giovane e bella.
Voglio sentire il vento sferzarmi sulla pelle,
l'odor di castagne
che bruciano tra le vie.
Voglio veder le mie foglie
rincorrersi nel vento
voglio veder gli innamorati
seduti sulla panchina
ed io..
sarò testimone....
di baci e di carezze.

LASCIA CHE IL TEMPO...

Non raccogliere un fiore appena sbocciato,
lascia che schiuda i suoi petali,
lascia che il sole tramonti
su questa terra infuocata...
lascia che la pioggia non inondi i campi
e distrugga le case...
lascia che il tempo maturi i suoi frutti
lascia che il mondo e la gente cattiva
non distrugga la vita,
lascia passare i giorni....
ed io giungerò a te
e ti sarò vicino...
se così ... sarà destino.

LUNA

onda dopo onda mi vesto di luce per giungere a te ,
sotto stelle e luna d'argento dono la mia anima a te mia
notte,
mia amica,mia compagna di pianto e di gioie.
Illuminami
con la tua veste argentata,
fammi apparire piu' splendida
agli occhi dell'amore,
fammi risplendere
di luce abbagliante
circondami di stelle
come una regina
davanti ai suoi occhi,
io ti guarderò nell'onda
per non farti sfuggire,
mi bagnerò di pianto
e pregherò
perche tu mi dia sempre una luce d'amore.

PAGINE BIANCHE

Nel libro della mia vita:
pagine bianche,
pagine che non ho mai scritto
righe mai sfiorate
se non con il pensiero.
Frantumi di memorie,
che restano nella mia mente,
nel mio cuore
e mai buttate giù
su quel foglio bianco..
Se mi potesse parlare..
riempirebbe il mio cuore..
la mia mente..
e la mia mano
metterebbe su quella carta
tutta una vita,
ma .. il foglio resta nel cassettto,
solo un piccolo strappo
che si bagna con le mie lacrime,
che si lacera sotto le mie dita,
che non riescono a tenere
la penna in mano
per dire quello che
mi resta chiuso ... nel cuore

PAROLE MUTE

Oggi sono qui
su questa terra,
sono qui a parlarti,
vederti,
oggi sono qui,
a pensarti,
parlarti con lo sguardo.
Parole mute,
che mi escono dal cuore,
parole che non riesci ad ascoltare
perché non t'ho mai parlato,
parole
rivolte alla luna,
alle stelle,
alle nuvole,
al cuore.
Ho sempre dialogato
nel mio parlar muto,
nessuno mi ha ascoltata,
solo il mio cuore può ascoltare,
capire le sensazioni,
il dolore,
la forza che sprigiona la mia mente.
Solo parole mute
per te che non sai ascoltare,
solo lacrime che non sai asciugare.

QUELLO CHE NON MI HAI DATO, NON TE LO CHIEDO

Un pugno di foglie secche
ho raccolto in un viale senza sbocco.
Polvere di stelle ho ammirato
in quel cielo senza nuvole,
ho sognato un bene immenso
e non ho avuto in dono
che un dolce attimo,
non t'ho chiesto niente,
non ho preteso nulla,
non mi hai dato niente,
solo un sorriso,uno sguardo
e poi...
sparito nell'indifferenza.
Quello che non mi hai dato,
io
non te lo chiedo
e la parola t'amo
muore sulle mie labbra.

SERENITA', COMPLICITA'

Serenità
negli occhi tuoi,
nelle tue parole
ad un passo dai miei
e mi confondo nei tuoi occhi..
Con un velo ricamato
traccio sagome di vita,
intesso trame
intesso storie
che vorrei aver vissuto,
che vorrei
tra te e me
e brillano gli occhi,
accarezzo il volto tuo
e la tua voce
mi canta dolci note
Amore mio sognato,
amore dialogato
e
nelle tue mani
sento le carezze,
sento sfiorarmi il viso
e attendo.
Il tuo sorriso,
il bacio
è qui
sulla mia pelle.

SOLO IO

Dalle tue labbra sempre spente,
solo qualche bacio t'ho rubato,
ma solo freddo e gelo
mi ha sfiorato.
Le tue mani mi accarezzano
ma non sento il tuo calore sul mio corpo,
in questa triste storia,
son sola col mio amore,
mi sento un tuo oggetto.
Vorrei uscire, spezzare una catena,
ma sento una stretta al cuore,
son solo io ad amarti,
tu giochi col mio amore
ed io son qui a farti compagnia.
Giochiamo, perché lo voglio,
perché non riesco a farne senza,
ma so che in questo gioco,
son solo io a perder la partita.
Vorrei uscire,
spezzare la catena,
buttare via le carte, dire basta
e togliermi dal cuore un sentimento.
Son solo io a dire t'amo,
tu
non me l'hai mai detto.

TENERAMENTE

Abbracciami,
ancora una volta
fammi sentire
il calore delle tue mani,
la tua carezza sulla pelle.
Dolce sensazione,
eppure , mi sei lontano
ma così vicino,
se sfioro la tua mano
con la mente,
sento pulsare il cuore,
un brivido m'assale,
son sola
e la mia penna vola...
dolce sensazione pensarti
mentre tu mi leggi.
Leggi nel mio cuore ,
senti la mia mano
stringere la tua,
un dolce abbraccio,
una lieve carezza,
abbracciami,
sorridimi,
io
ti sto abbracciando.

TI VOGLIO BENE

Vorrei scrivere una canzone
per te,
vorrei parlare al tuo cuore,
parlare alle stelle,
portarti su una nuvola,
bagnarti con la pioggia
per inondarti con il mio amore,
e con il sole,
scaldare il tuo cuore.
Vorrei scrivere una canzone
per te
ma non trovo le parole.
Non trovo le parole
per dirti
ti voglio bene,
ma forse
solo questo basta
per scrivere una canzone,
tre note,
un pò di musica
ed il mio pensiero
corre da te:
TI VOGLIO BENE.

TRA LE MANI SOLO SETA PURA

nessuna volontà
non potrei mai
sfuggire al tuo sguardo,
guardarti e sussurrarti
accarezzarti lievemente con un dito sfiorandoti la pelle.
Porcellana bianca,
pelle di seta pura.
Affondo il mio viso
e mi sembra di sentire
il tuo calore,
brividi di piacere
percorrono il mio seno
ma nelle mani,
ho solo stoffa nuda.
Mi hai lasciata sola
in questo letto senza più una piuma
il freddo e gelo mi divora
ascolto una musica soave,
un pianto si diffonde per la stanza,
ma e' solo un cero
che va spegnendosi pian piano
la voce tua e' come un ritornello
la sento tra i battiti del mio cuore
custodirò il tuo nome tra le vene
sarà la linfa mia ,
ne sentirò il calore anche se
non ti sentirò più mio
ascolta questa musica nell'aria
sarà la voce mia a giungerti
nel cuore,

sarà la melodia di te di me
ovunque tu sia.

UN ANGELO TRA GLI ANGELI

verde foglia spazzata dal ramo,
dolce ala di una farfalla impaurita,
con un soffio di vento sei volato via.
Diciannove anni
l'angelo della morte ti ha chiamato
e tu angelo sei andato.
Voli sereno
voli felice, da una terra che ti ha amato,
poco hai sostato tra noi,
poco hai amato, il tuo male
ci ha separato.
Dolce ragazzo spaurito,
quanti sogni avrai cullato,
qualche amore hai lasciato
e nel cuore, un vuoto e amare lacrime
hai destato.
Angelo tra gli angeli riposa sereno,
qui non sarai mai dimenticato.
Nel mio cuore hai lasciato un messaggio,
ai tuoi amici un dolce ricordo,
sulla rete un fior è per te,
una musica in tuo omaggio,
tu ANGELO,
resterai sempre tra noi.

IL SILENZIO DELL'ANIMA

Dietro la porta,
il silenzio.
Non è facile
entrare nel mio cuore ,
ascoltarne i battiti,
gli stati d'emozione,
la musica che si diffonde,
è solo per anime sensibili,
ne carpiscono il dolore,
le gioie, le lacrime,
le delusioni, la disperazione.
Dietro la porta,
il silenzio,
sono solo io a parlare,
a provare sensazioni,
un calore che brucia di passione,
son solo io che parlo,
che mi rispondo,
che mi consolo
all'amarezza, allo sconforto.
Il silenzio
è solo nella mia anima,
il minimo rumore..
mi fa scoppiare
il cuore.

IO E TE

Io e te...
In un cielo stellato..
Noi due soli nello spazio...
mentre la luna ci sta a guardare...
ci teniamo per mano,
ci guardiamo negli occhi,
lontani dal mondo,
da voci che parlano,
da sguardi indiscreti,
noi due ...
soli.. nell'immensità dello spazio ..
io e te... e il nostro amore..
ci amiamo...
E' un sogno !!!ma...
Non smetterò mai .. di sognare !!!!!

LA CHIAVE DELLA VITA

Scivola la vita,
pian piano,
con il passar degli anni,
autunno dopo autunno
inverno dopo inverno,
scivola la vita
sulle mie dita,
non posso contare gli anni,
cosa mi resta ormai di vita,
ma io son qui,
dietro una porta chiusa,
forse mi sta ad aspettare la vita,
forse la morte,
ma
se aprirai la porta
sicuramente è la vita
che mi abbraccerà,
ed io son qui ,
ad aspettare che tu metta un pò di olio
in quella chiave,
io
son qui ad aspettare la linfa
che mi puoi dare,
metti l'olio e lucida la chiave,
vedi,
sa di vecchio,
è arrugginita,
metti la linfa
anche alla mia vita,
gira la chiave,

io son dietro la porta
ad aspettare.

LA VOCE DEL SILENZIO

I silenzi del cuore
son preghiere rubate alle stelle,
sentimenti nascosti,
sospiri celati nell'intimo del cuore.
Se la voce potesse parlare,
se il tuo orecchio potesse ascoltare..
quante notti d'amore nel nostro cammino!
La notte è passata,
il giorno è vicino,
un altro giorno d'attesa,
e mi manchi da morire.
Poi, la voce risento
speranza m'accende
e poi torni nel nulla,
lasciando tormento e dolore.
Silenzio e speranza
si uniscono ancora..
e torno a sperare,
domani.. si torni
mi manchi mio amore.

LASCIATI GUARDARE

Lasciati guardare,
domani potrebbe essere l'ultimo giorno.
Lasciati toccare,
prendere per mano
e stringerti al cuore,
domani potrebbe essere un addio.
Lasciati baciare,
lentamente, dolcemente..
domani .. potrei illudermi
e amarti
ancora più disperatamente.

L'ODORE LO SENTIRAI NELL'ARIA

L'alba di un nuovo giorno
dopo una notte insonne
ad inseguir ombre,
a guardar le stelle
ad ascoltar rumori,
la luce entra nella stanza.
Con fare incerto,
raccolgo fiato,
ingoio vento
ed il mio cuor
lo chiudo a riccio.
Sto a ricontare i passi,
avanti ed indietro,
gli occhiali neri
coprono i miei occhi,
forse,
dietro i vetri sei
che mi osservi,
t'immagino a capo chino
sui miei fogli
a leggere assorto,
ma tu non vedi,
non ti accorgi,
che delle mie lacrime
il foglio è rotto.
Leggi il mio scritto
poi,torni al tuo mondo,
di me..
sei lontano un miglio.
Su questa porta

ho sostato,
su quella strada
ho inciso il mio passo,
sosta
un solo istante,
sentirai di me,
solo l'odor
di una candela spenta.

MAI SMETTERE DI SOGNARE

Mai smettere di sognare,
la vita va sognata,
ed io sogno l'amore,
l'amore che mi ha dato,
l'amore vissuto,
l'amore mai accarezzato.
Sogno i suoi occhi, il suo sguardo
Che mi accarezza...
Ma e' solo un sogno...
Perché non sognare ....
Se la realtà non vuole che sogni,
che ami ...
che vivi
di questo mio... sogno!

MI MANCHI

Senza sonno,
fantasmi nella notte inseguo,
orme senza forme
volto senza luce
e la tua ombra parla
e accarezza l'anima.
Mi manchi,
ombra senza volto,
ma vedo i tuoi occhi,
li vedo con gli occhi dell'amore.
Volto senza voce,
ma tu mi parli
con i sospiri del vento,
con il batter dell'orologio,
con i silenzi dell'amore,
mi manchi nell'anima,
come un uccello senz'ali,
mi manchi
e non c'è un istante
che ti senta lontano,
mi manchi
come l'aria
mi manchi
se c'è freddo
e sento il tuo calore dentro,
mi manchi.

NEL SOGNO

Nel mio sogno...
Il principe riappariva sul suo cavallo bianco.
Ecco..ora chiudo gli occhi..
E lui e' lì..
Ma.. il suo cavallo non e' più bianco... e' nero.
Nero, come la notte, nero come le tenebre
Che mi circondano,
ma lui e' lì e' sempre lì, e risplende,..
nella sua luce, nel colore dei suoi occhi.
Mi tende la mano,
mi abbraccia.. ed io vado con lui,
salgo sul suo cavallo e .. di corsa,
attraverso il cielo, andiamo felici,
verso la nostra isola, verso la nostra oasi di pace.
Là il mio cuore si ferma di battere,..
Io non sono più io,
la mia anima si fonde nella sua anima.
Ecco .. la cenerentola e' scomparsa,
il suo principe l'ha portata via,
verso un mondo incantato,
dove potrà essere felice.
La cenerentola sulla terra non esiste più
E' andata con il suo principe della notte,
in quell'isola che non ha nome,
nell'isola che non c'e',
perché non esiste per nessuno
esiste solo per loro.

NELLA NOTTE

E' tardi,
sento nella notte un fischio…
sento nel buio un colpo..
sei tu che batti?
Risento un colpo….
Ecco… ancora un fischio !!
Ma… e' solo un treno .. e il mio cuor
Che batte!

NINNA NANNA

Nel vento della notte
una corda intonata
suona una serenata.
Note escono dal tuo sentimento,
mille violini rompono il silenzio
ed una dolce voce
sussurra una ninna nanna.
Dolci sogni
riporti nel vento,
mentre il mio cuore canta
e un bacio
nella notte incanta.

NON C'E' VITA

La solita strada,
la stessa gente,
i soliti volti
che ti guardano indifferenti,
alzarsi al mattino
prendere un po' d'aria fresca
almeno quella,
poi la pioggia,
il vento,
ascoltare le notizie
e tutto il mondo piange..
poi la tempesta finisce
e splende il sole
anche il tempo è impazzito
ma non c'è vita intorno
ed io mi sento sola
ma vivo
vivo fra la gente
perché dare a me la vita
perché ad un bimbo vien negata?
perché queste ingiustizie?
dov'era Dio in quei momenti
perché lo ha strappato
alla sua mamma?
perché...
non c'è vita?
perché DIO non li protegge?

NON FAR RUMORE

Silenzio,
non far rumore quando entri,
mi vien l'agitazione,
entra in punta di piedi,
cercami con un sorriso,
mandami un bacio volante.
Io,
ti aprirò la porta,
ti farò entrare nel mio cuore,
in silenzio
senza far rumore,
chiuderò la porta
per non farti più andare.

NON SAPRAI MAI

No, non saprai mai,
non potrò mai dirti,
farti capire ...
non ci sarà il momento giusto
l'attimo in cui.. guardandoti negli occhi..
affronterò il tuo sguardo,
forse abbasserò gli occhi
per non vedere i tuoi..
forse non riuscirò mai a dirti..
quello che sento...
quello che vorrei..
forse un giorno capirai...
forse ti ricorderai
che un cuore batteva
solo con il tuo respiro,
solo per una speranza.
Forse capirai
Ma sarà tardi,..
Tardi per tornare indietro,
tardi per darmi il tuo cuore,
tardi per darti il mio amore.
Ora posso solo pensare,
posso solo svegliarmi dal sogno
che non aveva mai fine...
mai un fine, una risposta ai tanti perché...
ora posso svegliarmi da quel sogno
e ... vedere la realtà...
e nella mia realtà ... non ci sei ...tu...

NON SMETTERO' MAI DI SOGNARE

Stanotte ho fatto un sogno:
il principe della notte
mi e' apparso .. sul suo cavallo bianco,
mi ha presa per mano,
e mi ha portata con lui,
nel suo castello. , tra le nuvole.
Era bello il mio principe,
una luce d'ombre ...
si rifletteva sul suo volto
ed i suoi occhi azzurri brillavano,
sotto lo sguardo della luna.
Il mio principe della notte mi ha baciata,
mi ha stretta al cuore,
e.. il mio cuore batteva contro il suo,
fino a ... scoppiare.!
Ma .. ad un tratto.. qualcosa e' cambiato !
La luce del giorno e' entrata nella stanza,
mi ha colpita al viso come una frustata ,
ed .. il mio principe e' sparito .. sul suo cavallo bianco.!
Ho chiuso gli occhi ...
Il principe non e' tornato:
Stanotte lascerò aperta la finestra ...
e.. quando apparirà ... la chiuderò bene,
il mio principe non potrà andarsene,
la luce non mi darà più la frustata
e... resterò per sempre addormentata
per non svegliarmi mai.
I sogni non possono finire all'alba,
ed io ... non smetterò mai di ... sognare

OMBRE NELLA NOTTE

I miei tristi pensieri
morivano in una stanza,
in fondo ad un cassetto.
Su un quaderno,
sogni, desideri,racchiusi in un calore
che si chiama cuore.
Se il cassetto potesse parlare,
quanti fogli da riempire,
ma solo lacrime da versare.
Quanti sospiri
sotto le coperte,
quanti dolori per non parlare,,,,
e volano i pensieri nella notte,
e vanno avanti l'ombre
di tanti affanni.
Come in un film,
rivedo la tua figura,
me la invento,
la tua voce.. già la sento,
ora più che mai
son sicura...
tu dalla mia mente
non uscirai mai.

OVUNQUE TU SIA

Ovunque tu sia,
in qualsiasi parte del mondo,
in qualsiasi terra lontana,
dai miei occhi ...
sempre..
in ogni istante,
sarai con me
tra i battiti ..del mio cuore.

PARLERO' DI TE

Parlerò di te .. al vento,
parlerò di te .. al mare
chiuderò gli occhi..
per sognare.
Una nuvola ti circonda il volto,
ti illumina..
e tu.. ti innalzi..
e il mio cuore ti raggiunge la' dove sei...
e .. parlerò al vento,
e parlerò al sole, alle stelle , al firmamento
di quest'amore
e .. arriverò a te...
raggiungerò per mare e terra ..il tuo sorriso.

PARLO ALLA LUNA

Nel cielo stellato
mi guardi, mi segui
tu sempre accanto
mi porti una luce,
mi dai coraggio.
A te o mia luna
vorrei sussurrarti
i dolci segreti,
a te raccontarti
oggi e domani
un dolce sospiro
di me infelice.
A te che mi segui
e mi fai compagnia,
affido il mio cuore,
tra nubi e stelle
fanne tesoro,
poi torna da me,
e cullami ancora,
son tanto sola.

PENSIERI E PAROLE

Ti scrivo
e mille righe riempiono di frasi
che mai avrei potuto dirti,
ti ascolto e mille idee
passano per la mente.
Soave carezza
il tuo sguardo,
passa nella mia anima
mentre la tua mano
si ferma sul mio viso,
mille pensieri
sfiorano la mente,
mentre vacilla
l'idea di lasciarti.
Bagliori di luci ai miei occhi,
ancor risento dei baci tuoi
le fresche labbra,
il tuo abbraccio
si fa sempre più caldo..
ora son qui che attendo che mi sfiori
e brucio al sol pensiero
se tu ritorni.

PENSIERI NOTTURNI

E' notte
Il mio animo e' chiuso fra mille pensieri,
di tutto.. di niente..
le ore passano lente,
la notte non ha mai fine..
e la mia mente vaga tra le ombre delle tenebre,
ma.. niente che possa vedere,..
ne' gioie ne' amore. ne' vita.
Invoco la morte, per la mia pace,
per non soffrire,
per pensare .. che in un luogo lontano
forse.. ci sara' un'oasi tutta per me..
lontano.. nel cielo .. potro' restare a guardare..
chi mi ha voluto bene.. chi mi ha amato..
ma anche chi mi ha dato tanto dolore.
E la notte .. passa insonne..
E .. al mattino .. mi alzo : Ecco e' un nuovo giorno,
un altro giorno di dolore.

PER RICORDARTI

Un augurio..
Per ricordarti... anche in questo giorno...
I nostri giorni .. le nostre ore..
Passati insieme.
Un augurio,,
per ricordarti...
per darti un piccolo ricordo di me,
mentre sei con lei..
anche li .. nella grande chiesa!
Le nostre mani unite,
con l'augurio di esserlo per sempre.
Ora ..sono sola,
mi sveglio ... e non dormo..
piango il mio amore
svanito nel nulla,
piove... c'e' vento
ed i sei anni ... in un soffio...
spazzati nel vento.

PER TE

Insegnami.. ad amarti,
ricominciamo a prenderci .. per mano,
come se fossi una bimba .. ai suoi primi passi.
Insegnami a parlare
A .. dirti.. frasi belle..
a... dirti parole d'amore..
Insegnami ad uscire da questo mondo incantato
Da questo groviglio di rovi
Che mi feriscono l'anima,
Da queste nubi
Che offuscano .. i miei occhi,
da questo mare di lacrime.
Aiutami a capire,
a ritrovare la strada
a non perdermi,
a non inciampare..
tendimi la mano,
tendimi le braccia,
abbracciami ,
stammi vicino..
con .. il tuo amore..
ti saprò amare.

PORTAMI NEL CUORE

Portami nel cuore,
nell'aria che respiri,
nel mondo che tu vivi..
portami con te,
in ogni tuo respiro,
in ogni battito
del tuo cuore.
Vivi la tua vita,
come se .. ti fossi accanto,
tendimi la mano…
io ti tenderò… la mia.
Cercami..in un sogno..
Io ne farò il mio sogno.
Portami nel cuore
Quando… non ci sarò più…
Io ti porterò con me…
Quando non ci sarai più.
In ogni attimo della mia vita…
Io sarò con te…
Vicino a … te…

PRIGIONIERA

sbarre d'acciaio
chiudono il cuore e la mente,
cerchi di luce
all'orizzonte
da due fessure spente.
L'ultima speranza si profila all'orizzonte,
in un angolo di cielo
fulmini e pioggia sorridono
ad un cuore in tempesta.
Battito d'ali,musica che porta a desiderare
sogni d'amore rinchiusi nel cuore.
Paurose tempeste
distruggono l'ambiente,
quattro pareti...uno spiraglio di luce...
son prigioniera
in una gabbia d'argento.
Con il cuore e la mente
esco tra la gente,
sorrido, parlo, piango, eppur son sola
tra queste sbarre
d'oro.

QUANDO SARO' STANCA

Sapessi con quanta tenerezza
guardo il tuo viso,
con quanta gioia
ti abbraccio nella mente!
quando sarò stanca di lottare,
abbraccerò le piume di un cuscino,
le stringerò al petto come amante,
sorriderò al mondo più lontano,
sorriderò alle stelle
e parlerò di te a luna e sole,
dirò felice del mio amore
e da te lassù
volerò con te
nel tuo cuore.

RACCONTAMI

Io,
che ho saputo inventare,
che ho costruito castelli,
che ho fatto dei sogni tanto belli,
che ho parlato con ombre,
con principi e fate,
che ho raccontato una favola bella,
ora...
non so più che dire,
parole e parole,
vorrei ascoltare,
parole sognate, desiderate.
A te rivolgo il mio dire,
raccontami,
dimmi qualcosa
che mi faccia gioire,
portami con te
in un mondo fatato,
dimmi una frase,
un bacio che mi sfiori i capelli,
raccontami,
dimmi frasi belle,
stammi vicino
e...
fammi sognare.

REGALAMI UN SORRISO

Regalami un sorriso,
per riscaldarmi il cuore
regalami una vita..
mi darà tanto amore
regalami la tua voce.. la tua amicizia..
ti donerò il mio cuore.
Non voglio te,
voglio la tua anima, il tuo amore
con i tuoi pregi, i tuoi difetti,
i tuoi momenti tristi le tue ansie,
i tuoi dubbi, le tue paure,
voglio il tuo sorriso
quando mi sentirò sola,
quando avrò voglia di piangere,
di raccontarti, di sfogarmi,
voglio che la tua mano si fermi sulla mia
che mi sfiori in una semplice carezza,
in un bacio.
voglio sentirti amico
non voglio amore..
voglio un amico per tutta la vita
non.. un sorriso di un solo giorno.

RITORNA MIO SOGNO

il sorriso sulle labbra
la tua foto sul cuscino,
accarezzo il tuo volto
e ti sento vicino.
Sognarti la notte
volando nei cieli infiniti,
un mondo di gioia
lontani,
io e te.
Il nostro futuro
su onde del mare,
su nuvole e prati,
io e te
corriamo tenendoci stretti.
Serena è la notte,
sogno sì puro,
nessun'ombra sul nostro cammino,
ti sento vicino,
mi parli,
mi accarezzi il viso,
sei reale,
ma sei un sogno.
La notte è finita,
un raggio di luce penetra nella stanza,
la mia mano accarezza una foto,
ma tu..sei lontano,
no,
non voglio svegliarmi,
chiudo gli occhi,
ritorna

mio sogno.

SE FOSSI

Se fossi un angelo..
Ti starei accanto, ti proteggerei.
Se fossi una farfalla,
porrei le mie ali sul tuo viso,
sulle tue labbra e le bacerei.
Se fossi luce,ti risplenderei,
se fossi ombra, sarei la tua ombra,
se fossi notte, dormirei accanto a te,
e fossi ... nel tuo cuore...
lo riempirei d'amore...
ma... non sono un' angelo
per starti accanto,
non sono una farfalla per baciarti le labbra,
non sono luce per illuminarti,
non sono notte per dormirti accanto,
son solo nel tuo cuore...
per colmarlo d'amore.

SE SOLO CAPISSI

Se solo capissi,...
Non avrei bisogno di parlare,
le parole non contano niente,
ti basterebbe guardarmi negli occhi,
per leggermi cosa sento nel cuore.
Una carezza,
uno sguardo,
ti dicono .. più che le parole
ti facciano capire...
Guardami negli occhi...
Guardami nel cuore..
Troverai... un immenso amore.

SI PUO' SMETTERE DI SOGNARE

Si può smettere di sognare
Quando il mondo ti crolla addosso,
si può smettere di sognare
quando.. con una parola,
ti senti morire...
quando il suo sguardo ti appare lontano,
quando il suo sorriso splendente
ti appare sprezzante.
Si smette di sognare
Perché la realtà ti prende e ti scuote,
perché la realtà ti dice che .. non devi sognare,
che il tempo e' passato
e non puoi sognare,
e non puoi amare,
puoi solo morire...in questo mondo che non ha anima,
che non ha un cuore..
e... continua a pugnalare... chi di amore...
può solo... morire.

SOLA

Rido fra la gente
fra i sussurri dei bimbi,
il mio sorriso va a tutti,
sola , con il sorriso sulle labbra
e il pianto in cuore.
Se le lacrime potessero uscire
in qualsiasi momento,
inonderei il mondo intero,
se il mio cuore potesse parlare,
la tristezza andrebbe a vagare.
Sola nella mia stanza,
sola con la mia carta e penna,
per quello che esce dal cuore.
Sola con i miei pensieri,
sola con le mie idee
con una pena nel cuore,
e nella mia solitudine,
tu.. ombra della mia fantasia,
vieni a farmi compagnia.

VORREI TROVARE IL TUO SORRISO

Vorrei trovare il tuo sorriso
e dirti ... quanto mi manchi...
Contare i passi che mi dividono da te,
saltare sulle onde,
volare tra le nuvole,
e ... in un soffio... giungere silenziosa a te...
... e ... come un'ombra... essere la tua ombra
e... accompagnarti nel tuo cammino,
cercare la tua mano senza stringerla,
guardarti negli occhi e sussurrarti sottovoce : grazie.
Grazie per quello che mi dai, grazie per quello che non mi
hai dato,
Grazie per avermi donato ciò che non potrò avere mai,
grazie per il tuo sorriso .. che non e' per me,
ed in punta di piedi,
così come sei entrato nella mia vita,
io . lentamente.. uscirò dalla vita tua.
Vorrei trovare il tuo sorriso,
in ogni sguardo, ma tu non sai...
io non potrò mai dirti... quanto mi manchi.

VORREI VEDERE IL MONDO CON I TUOI OCCHI

Vorrei vedere il mondo
con i tuoi occhi,
vorrei… attraverso i tuoi occhi,
leggere i segreti del tuo animo,
del tuo cuore, i tuoi pensieri,
i tuoi tristi momenti,
le tue ansie, i tuoi perche'.
Vorrei vedere attraverso i tuoi occhi,
entrare nella tua testa,
nei tuoi pensieri…
e farli miei.,
Vorrei… vorrei..
Solo per un momento,
solo.. per un istante…
guardarti negli occhi .. e capire..
cosa pensi,
se… nei tuoi occhi …
anche se .. per un istante… PENSI A ME.

STRINGIMI FORTE A...TE

Stringimi forte a te,
non andar via,
fa che la notte non finisca mai.
Vedi... e' la luce dell'alba,
resta ancora un po' .. non andar via.
Gocce di pianto sul mio viso,
gocce di pioggia,
in quest'estate che muore,
brandelli di sogni sperduti nel tempo,.
Non andar via...
togli il mio pianto,
fa risplendere il sole,
riporta i miei sogni.

TI CERCAVO

Correvo tra la folla,
cercavo il tuo viso,
cercavo il tuo sorriso,
cercavo..ma tu .. non c'eri...
non c'eri tra la folla,
non ero nel tuo cuore,
non ero nei tuoi pensieri.
Guardavo il cielo,
e ... diventava il mio cielo
le tue nuvole, il tuo sole,..
diventavano le mie nuvole.. il mio sole..
e.. il tuo sole mi illuminava,
le tue nuvole mi facevano vedere il tuo volto triste..
la luce del giorno...
mi riportava il tuo sorriso smagliante.
Ora ... il mio sole risplende..
Ora il tuo volto lo vedo .. tra mille volti,
ora il tuo sorriso mi riscalda il cuore.
La tua voce, mi solleva dai mille pensieri,
e... in una notte scura ...
vedo il tuo volto ..e ...il tuo sorriso smagliante.

TI CHIAMERO' AMORE

Ti chiamerò amore
Quando scende la sera.
Ti chiamerò amore
Quando ti sentirò più mio,
e.. la tua mano
accarezzerà il mio viso.
Ti chiamerò amore,
per i tuoi gesti,
che accarezzano il mio corpo,
Ti chiamerò con il tuo nome,
nell'intimità dei nostri corpi.
Ti ruberò il colore grigio,
il colore azzurro, il colore verde,
dei tuoi occhi
e... nel tuo abbraccio..
colorerò di gioia .. la mia vita.

TI MANDERO' UN BACIO...CON IL VENTO

E'la fine di un'estate,
ascolta la poesia..
di quest'estate che muore,
il fresco della sera,
la pioggia che sbatte sui vetri.
Ti manderò un bacio
Con il vento,
e arriverà da te
solcando i cieli.
Arriverà da te
E .. sfiorerà il tuo viso..
E tu lo prenderai tra le mani,,,
lo porterai sulle tue labbra,
e ... con un soffio...
col vento me lo rimanderai...
con un dolce .. sorriso.

TI SEGUO

Seguo i tuoi passi sulla sabbia
Bagnata dall'onda,
sono l'onda che si infrange sugli scogli,
e.. sullo scoglio,
mi distendo a riposare,...
mentre mille pensieri,
capovolgono come una nave
sbattuta dalla tempesta.
Il sole bacia il mio viso,
ed il vento scompiglia i capelli..
mentre lacrime si confondono
con l'acqua che bagna il mio viso.
Sono il sole che.. non ti riscalda,
sono il vento .. che non ti scuote,
sono l'ombra che non ti segue,
sono il bacio che .. non ti bacia,
sono gli occhi che ti guardano,
ma .. non ti vedono,
sono la mano .. che non ti accarezza.
Sono la voce che non ti dice, che non ti parla...
Ma... quante cose posso fare con la mia mente!...
Con il pensiero ti seguo,
con gli occhi ti vedo,
con la bocca ti bacio
con la mia anima ti sono accanto,
e .. mi sazio di tutto quello che non ho,
ma .. resto immobile ... e .. nel silenzio,
tu .. cammini .. mi siedi accanto,
mi guardi.. e .. per un istante...
pensi a me.

TRA LA REALTA' E...LA FANTASIA

Mi sveglio,
le lacrime inondano il mio viso,
la bocca.. il sapore aspro .. di una mela acerba.
Gli occhi gonfi,
per una notte insonne.
Seduta sul letto..
Inseguo i fantasmi,
che popolano i miei sogni fatati ...
principi , cavalli bianchi , occhi azzurri.
Nella stanza .. in penombra,
il mio principe mi appare
come dietro una nuvola,
vorrei tendergli la mano,
raggiungerlo..
ma mi sento bloccata, ...
non riesco a muovermi,
le mie braccia sono pesanti, ...
non riesco a tenderle,
le mie gambe sono inchiodate,
i suoi occhi hanno i riflessi d'una nebbia scura,
non riesco distinguerli.
Vorrei piangere,
ma le lacrime diventano di ghiaccio,
non riescono a bagnare il mio viso.
Vorrei parlargli, chiedergli, vederlo,sentirlo,
ma .. la sua voce e' muta..
il suo sguardo impenetrabile,
vorrei chiedergli ... ma non permette..
vorrei sentirlo ... ma non mi ascolta..
E' la fine di un sogno irraggiungibile ,

un sogno ... una realtà
o . un sogno creato solo dalla mia fantasia ?
solo il mio cuore.. potrà distinguere
se ... realtà o .. fantasia.

UN BACIO VOLANTE

Un bacio volante
dalle vette innevate
arriva sulla fronte
si ferma sul viso,
sfiora le labbra.
Un bacio volante
rimando soffiando
sulle ali del vento
mentre sussurro:
ti mando il mio bacio
senti che freddo !....
tienilo nel cuore
e.. riscaldalo
col tuo amore.

UN GIORNO

Un giorno...
La vita disse alla donna:
ama te stessa e poi .. ama l'uomo che ti ama,
fai della tua vita un sogno...
non piangere ...
chi non ti merita ... non ti ama,
chi non ti apprezza.. non ti capisce...
chi non ti vuole bene..
non vuole bene a se stesso.
Perdona chi ti fa del male,
amalo .. perché non capisce,
perché non sa, perché fugge,
perché non può, perché non deve.
Amalo e ... comprendilo,
perché ... poi capirà... l'amore che e' in te...
non lo avrà mai da nessuno.
Amare vuol dire perdonare...
Perdona perché è nei sogni tuoi,
nell'aria che respiri,
unica essenza della vita tua,
per il tuo cuore malato
che batte solo con i battiti ... del suo cuore.

UN SOFFIO DI VENTO

Un soffio di vento
scompiglia i capelli,
socchiudi gli occhi,
assapora la salsedine che ti bagna il viso,
che ti brucia la pelle,
assapora quella musica
che ti parla di cose sconosciute,
che ti portano a sognare,
a fantasticare
su cose proibite.
Ascolta il respiro
che si fa sempre più intenso,
ti sta raggiungendo,
e .. in un soffio di vento,
ti parla,
ti dice
di cose che tu non capisci,
di cose mai ascoltate,
perché...
io non te le ho..
mai dette.

UN TUFFO NEL PRESENTE...UN TUFFO NEL PASSATO

Un tuffo nel passato
Per .. ricordare
Piccoli ritagli, una foto,
una rosa appassita,
piccoli frammenti
di un sogno spezzato,
di un giorno lontano,
poi... piu' nulla.
Ogni ricordo e' sbiadito
Oscurato dal tempo, dagli anni.
Un tuffo nel presente
Per riportare al futuro
A delle notti senza sogni... ...
Ad un domani che fugge....,
che non può tornare indietro
e... passano i giorni ...
e... passano gli anni
eppure .. il cuore non invecchia mai
e .. nel buio della notte
il mio pensiero vola...
vola nella tua anima..
e la mia mano cerca la tua mano.
nel buio della notte..
ascolto i battiti del tuo cuore...
mentre la tua voce ..
mi sussurra ...
sento sulla fronte .. un bacio, una carezza.

UNA CHIMERA

Ignorarti..impossibile,
dimenticarti...non ci penso proprio.
Potrei saziarmi d'aria
se non avessi cibo ,
potrei bere lacrime
se non avessi acqua.
Potrei morire
se non avessi te
nei miei pensieri.
Un sogno,
una chimera,
un desiderio fisso
nei miei pensieri....
te.

UNA FERITA IN FONDO AL CUORE

Una ferita in fondo al cuore,
un gesto, una parola,
puo'lenire il mio grande dolore.
So che ci sei.. che mi puoi capire,
ma .. solo in un sogno ...
mi potrai consolare.
Principe della notte...
da tanto ... non mi appari..
da tanto ... non entri nella mia stanza....
Per dirmi ... solo quello che tu ... sai dirmi...
E le notti passano,
e i sogni senza te...
non sono sogni.
Ritorna mio principe....
la mia vita e' vuota...
senza le tue carezze .. sul mio viso...
senza il tuo abbraccio...
ritorna ed amami ancora una volta....
e...portami con te
sul tuo cavallo bianco.

Vedevo

Vedevo nei tuoi occhi... il cielo azzurro
Rubavo una nuvola, e il verde del mare...
Racchiudevo l'azzurro, il grigio, il verde...
nell'intimo del mio cuore....
perché non fuggissero.
Aprivo il mio cuore...a te....
.che eri al di sopra .. di tutto..
Ma... il mio cuore e' rimasto .. nel cassetto...
insieme ai tuoi occhi ...
azzurri... grigi e verdi .

OVUNQUE

Dove sei?
in quale angolo
sperduto del mondo
devo cercarti?
se avessi le ali
volerei da te,
gioie e dolori
da dividere,
in un cielo nascosto da nubi,
in un deserto senz'acqua,
in un giorno di pioggia,
in un giorno di sole,
in una terra arida,
dove tu sei,
io sarei con te e nel tuo cuore.
Volerei nell'anima tua
ed ogni tuo respiro
respirerei,
ma tu...
dove sei ?

VERITA' O FANTASIA

Su queste righe
che da tanto attendo,
su questa voce che da tanto penso,
su questi occhi
vò cercando il mare,
di ogni tuo pensiero
parlerò al vento.
Un dolce sentimento
in questo tuo fare
parla al mio cuore,
e tutto appare
così talmente chiaro
che ancor
domando ogni momento
s'è vero .. o me l'invento.

QUATTRO PARETI

Quattro pareti ...
per riflettere... pensare
quattro pareti per restare sola
per non sentire nessuno
sola con i miei pensieri
con le mie idee,
per non impazzire...
se richiudo il mio cuore...
se smetterà di battere .
forse non soffrirà .. per il troppo amore.
donami una luce,
uno spiraglio in questa oscurità
donami un sorriso
tra queste quattro mura,
falle risplendere ...
con la luce dei tuoi occhi
fai della tua vita ...
la mia felicità.

INDICE

ISBN 978-1-4710-3750-4

9 781471 037504

90000